MELANIN POPPIN

I'm so hip even my errors are correct –Nikki Giovanni–

I'm so hip even my errors are correct —Nikki Giovanni—

I'm so hip even my errors are correct —Nikki Giovanni—

I'm so hip even my errors are correct –Nikki Giovanni–

I'm so hip even my errors are correct -Nikki Giovanni-

I'm so hip even my errors are correct —Nikki Giovanni—

I'm so hip even my errors are correct -Nikki Giovanni-

I'm so hip even my errors are correct —Nikki Giovanni—

I'm so hip even my errors are correct -Nikki Giovanni-

I'm so hip even my errors are correct -Nikki Giovanni-

I'm so hip even my errors are correct -Nikki Giovanni-

I'm so hip even my errors are correct —Nikki Giovanni—

I'm so hip even my errors are correct -Nikki Giovanni-

I'm so hip even my errors are correct -Nikki Giovanni-

I'm so hip even my errors are correct -Nikki Giovanni-

I'm so hip even my errors are correct -Nikki Giovanni-

I'm so hip even my errors are correct —Nikki Giovanni—

I'm so hip even my errors are correct -Nikki Giovanni-

I'm so hip even my errors are correct -Nikki Giovanni-

I'm so hip even my errors are correct -Nikki Giovanni-

I'm so hip even my errors are correct -Nikki Giovanni-

I'm so hip even my errors are correct -Nikki Giovanni-

I'm so hip even my errors are correct —Nikki Giovanni—

I'm so hip even my errors are correct -Nikki Giovanni-

I'm so hip even my errors are correct -Nikki Giovanni-

I'm so hip even my errors are correct -Nikki Giovanni-

I'm so hip even my errors are correct –Nikki Giovanni–

I'm so hip even my errors are correct -Nikki Giovanni-

28

I'm so hip even my errors are correct -Nikki Giovanni-

I'm so hip even my errors are correct —Nikki Giovanni—

I'm so hip even my errors are correct -Nikki Giovanni-

I'm so hip even my errors are correct –Nikki Giovanni–

I'm so hip even my errors are correct -Nikki Giovanni-

I'm so hip even my errors are correct -Nikki Giovanni-

I'm so hip even my errors are correct —Nikki Giovanni—

I'm so hip even my errors are correct -Nikki Giovanni-

I'm so hip even my errors are correct -Nikki Giovanni-

I'm so hip even my errors are correct -Nikki Giovanni-

I'm so hip even my errors are correct -Nikki Giovanni-

I'm so hip even my errors are correct -Nikki Giovanni-

I'm so hip even my errors are correct —Nikki Giovanni—

I'm so hip even my errors are correct —Nikki Giovanni—

I'm so hip even my errors are correct —Nikki Giovanni—

I'm so hip even my errors are correct —Nikki Giovanni—

I'm so hip even my errors are correct −Nikki Giovanni−

I'm so hip even my errors are correct -Nikki Giovanni-

I'm so hip even my errors are correct -Nikki Giovanni-

I'm so hip even my errors are correct -Nikki Giovanni-

I'm so hip even my errors are correct -Nikki Giovanni-

I'm so hip even my errors are correct -Nikki Giovanni-

I'm so hip even my errors are correct —Nikki Giovanni—

I'm so hip even my errors are correct -Nikki Giovanni-

I'm so hip even my errors are correct -Nikki Giovanni-

54

I'm so hip even my errors are correct —Nikki Giovanni—

I'm so hip even my errors are correct -Nikki Giovanni-

I'm so hip even my errors are correct -Nikki Giovanni-

I'm so hip even my errors are correct -Nikki Giovanni-

I'm so hip even my errors are correct -Nikki Giovanni-

I'm so hip even my errors are correct -Nikki Giovanni-

I'm so hip even my errors are correct —Nikki Giovanni—

I'm so hip even my errors are correct -Nikki Giovanni-

I'm so hip even my errors are correct -Nikki Giovanni-

I'm so hip even my errors are correct -Nikki Giovanni-

I'm so hip even my errors are correct —Nikki Giovanni—

I'm so hip even my errors are correct -Nikki Giovanni-

I'm so hip even my errors are correct -Nikki Giovanni-

I'm so hip even my errors are correct -Nikki Giovanni-

I'm so hip even my errors are correct —Nikki Giovanni—

I'm so hip even my errors are correct -Nikki Giovanni-

I'm so hip even my errors are correct -Nikki Giovanni-

I'm so hip even my errors are correct —Nikki Giovanni—

I'm so hip even my errors are correct –Nikki Giovanni–

I'm so hip even my errors are correct -Nikki Giovanni-

I'm so hip even my errors are correct -Nikki Giovanni-

I'm so hip even my errors are correct -Nikki Giovanni-

I'm so hip even my errors are correct -Nikki Giovanni-

I'm so hip even my errors are correct —Nikki Giovanni—

I'm so hip even my errors are correct –Nikki Giovanni–

I'm so hip even my errors are correct -Nikki Giovanni-

80

I'm so hip even my errors are correct -Nikki Giovanni-

I'm so hip even my errors are correct —Nikki Giovanni—

I'm so hip even my errors are correct -Nikki Giovanni-

I'm so hip even my errors are correct —Nikki Giovanni—

I'm so hip even my errors are correct -Nikki Giovanni-

I'm so hip even my errors are correct —Nikki Giovanni—

I'm so hip even my errors are correct -Nikki Giovanni-

I'm so hip even my errors are correct -Nikki Giovanni-

I'm so hip even my errors are correct —Nikki Giovanni—

I'm so hip even my errors are correct -Nikki Giovanni-

I'm so hip even my errors are correct -Nikki Giovanni-

I'm so hip even my errors are correct -Nikki Giovanni-

I'm so hip even my errors are correct -Nikki Giovanni-

I'm so hip even my errors are correct -Nikki Giovanni-

I'm so hip even my errors are correct -Nikki Giovanni-

I'm so hip even my errors are correct -Nikki Giovanni-

I'm so hip even my errors are correct –Nikki Giovanni–

I'm so hip even my errors are correct -Nikki Giovanni-

I'm so hip even my errors are correct -Nikki Giovanni-

I'm so hip even my errors are correct -Nikki Giovanni-

I'm so hip even my errors are correct —Nikki Giovanni—

I'm so hip even my errors are correct –Nikki Giovanni–

I'm so hip even my errors are correct –Nikki Giovanni–

I'm so hip even my errors are correct -Nikki Giovanni-

I'm so hip even my errors are correct —Nikki Giovanni—

I'm so hip even my errors are correct -Nikki Giovanni-

I'm so hip even my errors are correct -Nikki Giovanni-

I'm so hip even my errors are correct -Nikki Giovanni-

.

I'm so hip even my errors are correct -Nikki Giovanni-

I'm so hip even my errors are correct -Nikki Giovanni-

I'm so hip even my errors are correct —Nikki Giovanni—

I'm so hip even my errors are correct -Nikki Giovanni-

I'm so hip even my errors are correct –Nikki Giovanni–

I'm so hip even my errors are correct -Nikki Giovanni-

I'm so hip even my errors are correct –Nikki Giovanni–

I'm so hip even my errors are correct −Nikki Giovanni−

I'm so hip even my errors are correct -Nikki Giovanni-

I'm so hip even my errors are correct −Nikki Giovanni−

118

I'm so hip even my errors are correct —Nikki Giovanni—

I'm so hip even my errors are correct –Nikki Giovanni–

I'm so hip even my errors are correct -Nikki Giovanni-

I'm so hip even my errors are correct -Nikki Giovanni-

I'm so hip even my errors are correct —Nikki Giovanni—

I'm so hip even my errors are correct -Nikki Giovanni-

I'm so hip even my errors are correct —Nikki Giovanni—

I'm so hip even my errors are correct -Nikki Giovanni-

I'm so hip even my errors are correct -Nikki Giovanni-

I'm so hip even my errors are correct -Nikki Giovanni-

I'm so hip even my errors are correct -Nikki Giovanni-

I'm so hip even my errors are correct -Nikki Giovanni-
130

I'm so hip even my errors are correct —Nikki Giovanni—

I'm so hip even my errors are correct -Nikki Giovanni-

I'm so hip even my errors are correct -Nikki Giovanni-

I'm so hip even my errors are correct -Nikki Giovanni-

I'm so hip even my errors are correct -Nikki Giovanni-

I'm so hip even my errors are correct -Nikki Giovanni-

I'm so hip even my errors are correct -Nikki Giovanni-

I'm so hip even my errors are correct -Nikki Giovanni-

I'm so hip even my errors are correct -Nikki Giovanni-

I'm so hip even my errors are correct -Nikki Giovanni-

I'm so hip even my errors are correct -Nikki Giovanni-

I'm so hip even my errors are correct -Nikki Giovanni-

I'm so hip even my errors are correct —Nikki Giovanni—

I'm so hip even my errors are correct -Nikki Giovanni-

I'm so hip even my errors are correct –Nikki Giovanni–

I'm so hip even my errors are correct -Nikki Giovanni-

I'm so hip even my errors are correct -Nikki Giovanni-

I'm so hip even my errors are correct —Nikki Giovanni—

I'm so hip even my errors are correct -Nikki Giovanni-

Dope Skin